Estela & Tina

Navidad

KRETEL ARZOLA

ESTE LIBRO PERTENECE A:

____

____

____

En Nochebuena, Estela y Tina estaban tan
entusiasmadas pensando en los regalos de Santa,
que no podían dormir.

Tuvieron que contar muchas ovejas hasta finalmente
conciliar el sueño.

Al día siguiente, cuando Estela se despertó y miró por la ventana, todo afuera estaba cubierto de nieve. Tal y como lo había deseado, ¡era una hermosa mañana de Navidad!

Pero… ¿dónde estaba Tina?

Estela buscó debajo de la cama, pero ahí
no estaba.

¿Dónde podría estar?

Estela corrió escaleras abajo hacia la sala de estar.
Todos sus regalos estaban debajo del árbol de Navidad, envueltos
con papel de colores y grandes lazos divertidos. Tina no estaba.

Estela empezó a buscar a su tortuga por
toda la casa.
Primero revisó el baño. ¡A Tina le encantaba
nadar! Pero la bañera estaba vacía.

Luego, Estela revisó la cocina. Tina solía tener mucha hambre por la mañana, pero la tortuguita tampoco estaba allí.

Después de buscar a Tina por toda la casa, Estela se sintió preocupada. ¡Tina no estaba por ningún lado!

"¡Es hora de abrir los regalos!" Anunció la mamá de Estela desde la otra habitación.

¡Oh, no! Estela quería abrir sus regalos con Tina. Era su primera Navidad juntas y ahora su amiguita había desaparecido.

Caminando cabizbaja, Estela entró en la sala y se sentó en el suelo junto al árbol de Navidad. El momento que había estado esperando durante días finalmente había llegado, pero sin Tina, la emoción no era la misma.

Cuando Estela tomó su primer regalo del árbol… ¡Sorpresa! ¡Tina estaba ahí!

Su tortuguita traviesa había estado comiendo las hojas del árbol de Navidad detrás de sus regalos todo aquel tiempo.

"¡Te encontré!" Estela abrazó a Tina contra su pecho. Ningún regalo sería tan importante como su mascota.

Ahora podrían abrir los regalos juntas como lo habían planeado.

Estela abrió primero la caja más grande. ¡Dentro había una hermosa muñeca con cabello muy largo! ¡Estela estaba tan feliz!

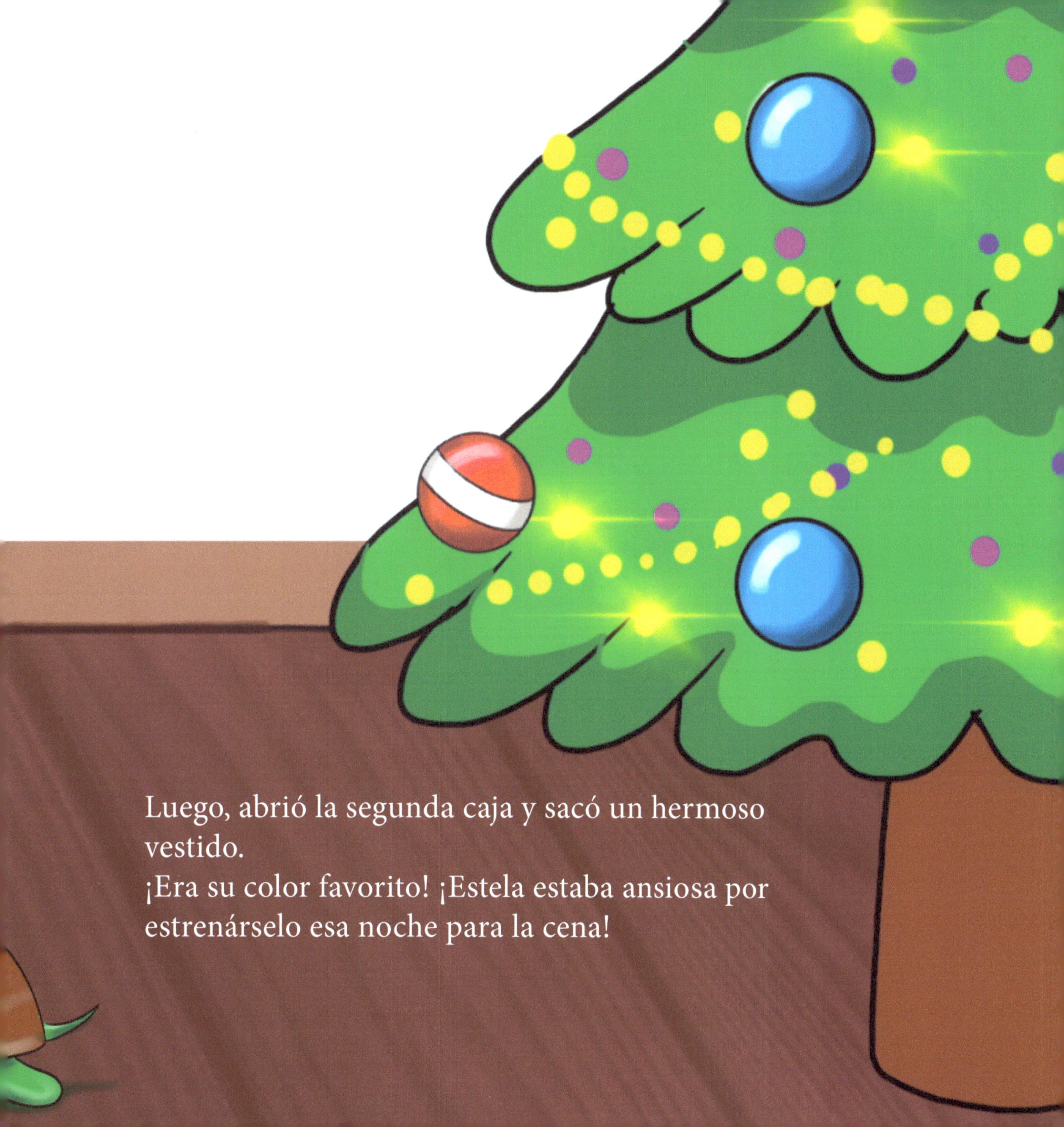

Luego, abrió la segunda caja y sacó un hermoso vestido.
¡Era su color favorito! ¡Estela estaba ansiosa por estrenárselo esa noche para la cena!

Ahora solo quedaba una pequeña caja.
Estela tomó el último regalo del
árbol. Dentro había un pequeñito
gorro navideño.

¡Estela lo colocó
cuidadosamente en la
cabecita de Tina con
una gran sonrisa!

"Feliz Navidad, Tina" susurró Estela.
¡Y sintió que su tortuguita le había deseado lo mismo!

EL FIN